PAPER-THIN SKIN

PAPER-THIN SKIN

POEMS BY

Aigerim Tazhi

TRANSLATED FROM

THE RUSSIAN BY

J. Kates

Zephyr Press | Brookline, Mass.

Cover image: Detail from *Untitled* (1994) by Marco Badot
Book design by typeslowly
Printed in Michigan by Cushing Malloy, Inc.

Some of the poems in this collection have previously been published in
*The Atlanta Review, The Colorado Review, Chtenia, Cyphers, The Kenyon Review,
The Massachusetts Review, Prairie Schooner, Salamander, The St. Petersburg Review,
Stand, Two Lines,* and *Words Without Borders.*

The translator is grateful to the National Endowment for the Arts for recognition
that makes this translation possible.

Zephyr Press acknowledges with gratitude the continuing financial support of
The National Endowment for the Arts and the Massachusetts Cultural Council.

Zephyr Press, a non-profit arts and education 501(c)(3) organization,
publishes literary titles that foster a deeper understanding of cultures
and languages. Zephyr books are distributed to the trade in the U.S.
and Canada by Consortium Book Sales and Distribution [www.cbsd.com].

Cataloguing-in publication data is available from the Library of Congress.

ZEPHYR PRESS
www.zephyrpress.org

TABLE OF CONTENTS

II

III

Aigerim Tazhi's Temple of Words   *J. Kates*

The ways that translators get hooked up with poets are various and mysterious. The intellectual cupidity of editors often plays a significant part. In August 2012, I received an inquiry from Rohan Kamicheril, an editor at the on-line journal *Words Without Borders*, asking about my willingness to look at a few poems by Aigerim Tazhi, a Kazakhstani poet writing in Russian, for a special issue of their publication on literature along the old Silk Road. The samples they sent caught my attention. I hurriedly made a few rough drafts, refined the one they wanted to use, and we were off and running. Kamicheril put me in direct touch with the poet, and I asked to see more of her work, because I enjoyed reading and translating it. She was happy to oblige. We have communicated since only by e-mail. "I have Skype," she wrote me early on — in Russian — "but I seldom use it, and I freely confess that I speak English with difficulty. Writing is much easier." My spoken Russian is, I am sure, as competent or awkward as her English. Certainly, her command of my written language is good enough to critique my drafts, correct mistakes, and suggest sometimes brilliant alternatives. Our correspondence blossomed in varicolored notes on electronic texts, and expanded in the years since into personal exchanges.

Aigerim Tazhi was born in the western Kazakhstani city of Aktobe (formerly Aktyubinsk) in 1981. Her only book of poetry so far, "БОГ-О-СЛОВ" (THEO-LOG-IAN, sort of, but there is a play on words that could be read as GOD O' WORDS) was published in 2004. She has received numerous literary prizes in Kazakhstan and Russia for poems in the collection, and in 2011 she was a finalist for the prestigious Russian Debut Prize in poetry. Her work has been translated into English, French, Polish, Kazakh, Uzbek, and Armenian, and published in prominent literary magazines. Tazhi was one of the creators of a project of literary installations, "The Visible Poetry," in 2008. She lives in Almaty, a city which was called Alma-Ata until 1993. As the very change of names indicates, Tazhi is of the generation that underwent a geopolitical shift beyond its control. "I live in Kazakhstan," she has said, "but I was born in the Soviet era. We had a common country then, a common capital (Moscow), and the main language was Russian. Therefore, in school we were taught in Russian, on the streets and at home we talked in Russian. I did not choose the Russian language, did not evaluate it in terms of its attractiveness. It's just the language that I've spoken since childhood."[1]

As short a time ago as the 1980s and 1990s, a Russian poet writing in the "provinces" beyond Moscow and St. Petersburg would have been limited to only a local or, at best, a regional readership. Poets who wanted their work to be known had to make it to, and in, the old capitals — a process made even more difficult first by stringent regulations about rights of residency and second by the practicality of making a living in a big city. The concentration of Russian-language literary culture in Moscow and St. Petersburg (leaving aside poetry of the Russian diaspora) has been challenged only in the last couple of decades, partly by the accessibility of the internet, and partly by the loosening of capital snobbery through a freedom of movement around the former Soviet empire and abroad. Still, Almaty is a long way from the literary capitals. Olga Borisovna Markova, the president of the Kazakh Public Fund for Cultural Development and the Humanities "Musaget," wrote in a letter of report recently to the St Petersburg literary journal *Nevà*:

> After the breakup of the Soviet Union, Russian writers in other republics found themselves in involuntary exile. Many emigrated

---

[1] Interview with Philip Metres, https://www.dispatchespoetrywars.com/commentary sometimes-one-drop-enough-change-whole-ocean-aigerim-tazhi-interview-philip-metres-2014/

for real. But since 1991, a full cohort of new writers has arisen who have created their own literary school. Genetically linked to the Russian literary tradition and language, they live at the same time in a special space with a double atmosphere. Free of politicized Russian society and not free from the influence of a variety of cultures, they are looking for their own style and their own means of expression. Their works are published mainly abroad. On the Russian side, the presence of a Russian foreign literature right next door is not yet properly appreciated, and in the former Soviet republics writers from Kazakhstan receive little attention.[2]

Prominent among the writers Markova champions in her report is Aigerim Tazhi, one of a number of Kazakhstani women writers who are getting literary attention. Even inside the center circles, poetry by women has only recently received attention commensurate with men's — in spite of the nineteenth and twentieth-century achievements of Pavlova, Akhmatova, Gippius, Tsvetaeva, Akhmadulina, Moritz and others. In 1998, at the "Genius Loci" festival of thirty-two poets in St. Petersburg and Moscow, only one woman was represented. But by 2007, a pre-eminent male critic, who had himself dismissed the earlier disparity when it was brought to his attention, admitted, "All the interesting voices in our poetry now are women's voices." Tazhi from her distant location has been both a participant in and a beneficiary of that shift.

It is remarkable both in Tazhi's poems and in the way she talks about poetry the number of different ways of looking around and forms of observation she uses or implies, making her own persona not the center of attention, but the center of perception. In an interview in the Kazakhstani

---

[2] Olga Markova, *Нева*, St. Petersburg, 2004

Forbes Magazine she makes this explicit: "I like to observe the world around me, then I think again about what is happening around and inside me, where I live, and what lives around me. In general, poems are ciphers an attentive reader picks up keys to, codes penetrating deeper and deeper into what is essential, gradually revealing each new layer of meanings. . . . Perhaps [poetry] exists just so that a person can stop, look around."

Any poetry is enriched and constrained by its own cultural references. Tazhi's poems are no exception. Oksana Trutneva has written, "On an imaginary border between Europe and Asia, between the Russian and Kazakh languages, it is as if the author leads us to a world where borders do not exist, where languages and ways of thinking are merged, and the word becomes a conductor into this world."[3] This is an open invitation to a translator, but also a potential trap, as specific allusions that enrich individual poems can get lost along the way. The poems in this selection are, for the most part, those that travel well.

Even so, Aigerim Tazhi's poems are more complicated than they appear, particularly in translation, because her word play defies the violation of removal from its bed of language. With "игра на грани," for instance (p. 122), which reads almost like a palindrome, I tried to catch at least an echo of the internal rhyme by adding the word "grim" to the game on the "rim" — more literally, a "boundary" or "edge." But with the poem that introduced me to Tazhi's work, for instance, "from resurrection to sunday," (p. 129) despair is the one art. Close cognate Russian words for "resurrection" and "Sunday" are virtually interchangeable, distinguished only by a single letter. Formal elements, both those general to Russian-language poetry and those particular to the individual writer, are always part of the negotiation of the translator. Nevertheless, as the Russian poet

---

[3] Oksana Trutneva, *Новый Мир*, Moscow 2015, No. 12

and translator Galina Klimova has written,[4] "In [Tazhi's] poems there is a great deal of room for all the details of time, places and events which are explained simply and confidently without forced pathos and ambiguous innuendoes." Clarity trumps complexity. "The author is not afraid to talk to an ordinary person as to God, and to God as to an ordinary person." And, while the poet is intimately conscious of the privacy of the act of writing — "the occupation of literature is practically a synonym for solitude," she has written — she also embraces a kind of mystic community of communication, a "temple of words."

She writes, "A few years ago on a trip to Tibet, I found myself in a strange place. Under awnings people sat on the ground, using a hammer and chisel to cut words into stone slabs. The work was difficult, tedious, long. Sharp sounds made me flinch. Stone dust wrapped the people in a dense cloud. What were they doing? They were inscribing sacred texts on the stones, which they then stacked in thin layers together to build a high temple. The craftsmen admitted that most likely they would not live to finish the construction. There were a great many of these tablets. The texts remained inside the walls. Nobody would ever read them, but they were the foundation of the building. A temple of words. Isn't this poetry?"

* * *

This edition would not have been possible without the generous support of the National Endowment for the Arts, personified in this case by Mohamed Sheriff; and by the collaboration of my colleagues at Zephyr Press, Cris Mattison and Leora Zeitlin.

---

[4] Galina Klimova, *Дружба народов*, introduction to "Новые имена в поэзии" Moscow, 2011

PAPER-THIN SKIN

I

* * *

Верблюжьей походкой
путник пылит, приближается.
Глаза разного цвета,
руки вырезаны из дерева.
За пазухой гадюка мёртвая,
жалящая верёвка.
Конь пал на дороге.
Хрупкий, как ветка,
остов. Волны песочной шкуры.
Имя твоё? Выговори хоть слово.
Складки лица. Солнце меняет угол.
Бумажная кожа просвечивает,
на лбу проявляются буквы.

Walking like a camel
a traveler throws up dust, draws near.
Eyes of different colors,
hands carved from wood.
A dead viper in his breast,
a rope with fangs.
A horse felled in the road.
Fragile as a twig,
a skeleton. Waves of a sandy pelt.
Your name? Say the word out loud.
A furrowed face. The angle of the sun shifts.
Paper-thin skin translucent,
letters shine through the forehead.

* * *

Где же оно? Где то, что ведёт вперёд?
Северная звезда проглядывает за гарью.
Птицы склёвывают крошки у старца на бороде.
Звери стоят вдоль дороги оскаленные.

Привирает компас внутреннего мирка.
На обочине острые зубы снега.
В теле бетонном горная река
Выпрямлена человеком.

Шахты города, вышарканные рудники,
Небо звёздное закоптили вы.
То ли чётки искать, то ли ключи
На пути к горнилу.

Where is it? Where is what moves forward?
The North Star lurks behind smog.
Birds peck crumbs from an old man's beard.
Animals bare their teeth all along the road.

The compass of the internal world misleads.
Beside the road sharp teeth of snow.
In a cement body a mountain river
straightened out by man.

Mine-shafts of the city, played-out veins,
you smoked out the starry sky.
Now either look for rosary beads, or look for keys
On the way to the crucible.

* * *

Деревья знают — просыпаться рано.
Наутро мир накроет слоем снега.
Холодный ветер с запахом цветочным
качает тень. Колодцем свет луны.
В овале от кривого абажура
танцует насекомое ночное.
Уставшая от лет седая кошка
под тюлем душит призрачную мышь.

The trees know it is early to wake up.
In the morning the world will be covered with snow.
A cold wind smelling of flowers
shakes the shade. A well of moonlight.
In the oval of a curved lampshade
a nocturnal insect dances.
Worn out by his years the old gray cat
under the sheer curtain strangles a spectral mouse.

* * *

В заросшем зеркале пятнами глубина,
открывает что-то — прикрыть бы веки.
Рыбы вертятся на границе с воздухом, вдох, ещё.
Месяц плавает в небе животом вверх,
и кругами расходится вдаль вода.
Люди в белом говорят — не запоминать,
не смотреть им в глаза, рассеянно покивать,
словно и не заметив: пустая стоит кровать,
колыбель из ковра появилась, спелёнутый человек.
И как будто бы ясно кто, но не верится. Скорбный ряд.
Холодна ли сейчас земля? Кто останется на ночлег?

In the depth of a mirror mottled with stains,
something is revealed — we would rather not see.
Fish turn back at the air's edge, one breath, another.
A crescent moon swims belly up in the heavens,
and water eddies away into the distance.
People in white are talking — Let the words go.
do not look them in the eye, nod absentmindedly,
as if not having noticed: a bed stands empty,
a person cradled, shrouded in carpeting.
It seems clear who, but hard to believe. A line of mourners.
Is the soil cold now? Who will be sleeping there?

* * *

Ветер шумит размеренно.
Строит гнездо на дереве.
Дерево осыпается.

Он обещал быть в пятницу.
В дом не вернулся. Хлопают
Двери в ладоши твёрдые.

Лето в чулане прячется.
Пёс умирает около
Белого цоколя.

The wind makes a measured noise.
It builds a nest in a tree.
The tree sheds its leaves.

He promised to be here on Friday.
He did not come home. Doors
clap their hands hard.

Summer hides in a store-room.
A hound is dying near
A white pedestal.

* * *

У тревоги есть какой-то ритм.
Раз, и два, и три, и тишина.
Раз, и два, и три. Гляжу в окно.
Ночь для марта чересчур темна.
И напротив, в доме через двор,
тоже не уснули до сих пор,
за столом приборы стерегут
в тусклом свете. В тёплом ли кругу?
Вот худая женщина несёт
искажённый оптикою торт.

There is a certain rhythm in anxiety.
One, and two, and three, and silence.
One, and two, and three. I look out the window.
The night is far too dark for March.
And across the way, in a house past the courtyard,
they have not yet fallen asleep,
they keep watch over the tableware
in the dim light. In a warm circle?
A thin woman carries
a cake binoculars distort.

* * *

Лето, беззвучный праздник с лесом ночным устрой.
Горы молчат сегодня. Тропа подставляет плечо.
В той темноте наткнёмся ль на выросшую скалу?
Белая птица, крикни, камнем предупреди.
Звери давно исчезли, знаю до нас ещё.
Чьё же копыто стало ложем для озерца?
В шорохе мягком слышно спутников. Впереди
дом на вершине — точка, гаснущая к утру.

Summer, organize a soundless holiday with a forest at night.
The mountains are silent today. The path exposes its shoulder.
In that dark will we collide with a rising rockface?
White bird, shout, warn with a stone.
The animals have long since disappeared before us.
Whose hoofprint stamped out the hollow of a lake?
Fellow travelers can be heard in a light rustling. Ahead
a house on the summit is a point fading into the morning.

* * *

Укрывшись за серым фасадом,
он смотрит на новую штору,
как будто за ней ночь и море,
резные шумящие пальмы,
песок или острая галька.
Он чувствует летнюю жажду.
Пусть сытая толстая чайка
кружит над жужжащим причалом,
и гладят довольные пальцы
вспотевшие щёки бокала,
и кто-то стучит среди ночи
ритмично, как бог батареи.
Но чайка всё реет над морем,
а сердце добреет.

Hidden behind a gray facade,
he looks at a new shade,
As if behind it is night and the sea,
carved rustling palms,
sand or sharp gravel.
He feels a summer thirst.
Let the fat sated seagull
circle over the humming dock,
satisfied fingers glide over
the misted cheeks of a goblet
and somebody knocks in the night
rhythmically, like a god of radiators.
But the seagull keeps flying over the sea,
and softens a heart.

* * *

Плющ. Его сорвала у реки.
Помню, как чужие старики
прятали глаза, как головой
тряс сухой подсолнух над травой.
В клади на руках летел мой клад
пополнять собой квартирный сад.
Крону сплёл в гнездо, да нет птенца,
тянет плети к небу из свинца.

Ivy. I gathered it on the river bank.
I remember how strange old men
hid their eyes, how a sunflower head
shook its dry seeds on the lawn.
My treasure flew into my hands
to fill up my indoor garden.
A crown woven into a nest without fledglings
pulls the vines to the leaden sky.

* * *

В доме окно
На окне горшок
В горшке веточка
Вяжет пинетки сонная женщина
Внутри неё рыба без воздуха мечется
А ей хорошо

Улыбается будто себе в живот
Крикам на улице
Разбитой лампочке
Чёрным вестям из нечёрного ящика
Женщина ждёт непременного мальчика
Девочка тоже сойдёт

In the house a window
In the window a pot
In the pot a twig
A drowsy woman is knitting booties
Inside her a fish swims without air
But she is content

She smiles as if to her own womb
At shouts in the street
At broken lights
At dark news from the bright box
The woman waits for the inevitable boy
A girl will do as well

* * *

Дождь пробежался по клавишам листьев.
Пресное море калоши наполнило.
Комья земли копытцами выросли.
Радугой-нимбом увенчаны головы.
Нежно кряхтим отсыревшими песнями.
В лужах рыбачим крючками-вопросами.
Влажной чертою лицо перерезав,
капля повисла на кончике носа.

Rain ran over a keyboard of leaves.
A freshwater sea overflowed galoshes.
Clumps of earth grew into hooves.
Heads crowned with rainbow-haloes.
We groan tenderly with watersoaked songs.
We fish in puddles with question-hooks.
A face intersected by the damp line
of a drop hanging off the tip of a nose.

* * *

Прислушаюсь к придуманному миру:
он впитывает музыку извне,
и внутренней стране
не уберечь границ. Мотив покоя
умножит радость, мне легко
вдвойне.
Но что-то не даёт забыться сном.
Безлунной ночью или ярким днём
замечу странное. Откуда звук?
Так дребезжат засушенные жилы
в задетом инструменте. Древесину
упрямо точит невидимка-жук.

I strain to listen for an imagined world:
one that absorbs music from the outside,
and will not preserve the borders
of an internal country. The peaceful theme
multiplies joy, doubles
my ease.
But something obstructs the oblivion of a dream.
On a moonless night or on a bright day
I hear something strange. Coming from where?
Desiccated tendons resonate
on a strummed instrument. An invisible
beetle stubbornly gnaws in the woodwork.

* * *

Руки тянутся. Прячешься в глубине.

Глаза непомнящие, руки невидящие, крылья мокрые,

Под твоими дверями сплю, под твоими окнами.

Прихожу, заметая следы, петляя улицами,

А за мной, как в нелепом фильме, весь город рушится.

Hands reach out. You hide yourself deep down.
Oblivious eyes, hands unseeing, wings moist,
I am sleeping at your doors, under your windows.
Here I come in, sweeping away tracks, dodging through the streets,
And behind me, like a stupid movie, the whole city is falling apart.

* * *

Дерево, удерживая на весу,
макнёт шуршащие волосы
в тёплую глубину, в которой
не хочется оказаться.
Тени играют в прятки.
В зелёной ловушке застынет лодка.
На кончике пальца вернётся в озеро
пластинка ряски.

A tree, keeping in balance,
dips its rustling hair
into a warm depth in which
one would rather not be found.
Shadows play hide and seek.
A boat fixed in the green enclosure.
A platter of duckweed
returns on the tip of a finger
into the lake.

* * *

Ах, зачем же, откуда и куда
плывёт рыба не в сосуде по кругу,
а по реке в теле нового арыка,
повторяющего изгибы дороги.
Я бегу за тобой, по другому — никак.
Ты ныряешь под асфальтовый мост перекрёстка.
Тебя можно потрогать, но выдержит ли рука
ускользающую холодность.

Oh, why, from where to where
a fish swimming not in a bowl,
but in the stream of the body of a new ditch
follows the curve of the road.
I run after you, there's no other way.
You dive under the asphalt bridge of the crossing.
You can be touched, if a hand can tolerate
an elusive coolness.

* * *

Фиолетовое окно. Жёлтое.
Скоростной через страны пряные
разрезает полотно с подсолнухами
на солнечную сторону и закатную.
В цветовом пятне глаз выхватывает
мельницы, летящие в противоположную.
В нитях ветра звуки запутались встречные.
Лавандовое окно. Скачут крепкие лошади.
Хороводы полных людей видятся там, где
дома-пряники, неестественно красивые дети
и дамы, похожие на вызревающую квашню,
качая боками, плывут по траве к реке.
Дорогу спросить бы, но вряд ли потом пойму
ответ на неведомом языке.

A purple window. A yellow one.
The express train in pungent lands
slices through a canvas with sunflowers
a sunny side and a sunset side.
In one colorful spot the eye seizes on
mills flying in the opposite direction.
Threads of wind mute onrushing sounds.
A lavender window. Strong horses gallop.
Round dances of stout people are honored
among gingerbread-houses, unnaturally beautiful children
and ladies rising like dough,
shaking their sides, float along the grass to a river.
I should ask the way, but then would hardly understand
the reply in some unknown language.

* * *

Подслушав в парке разговор,
Пришла к зачахшей старой сливе
И в крону спрятала лицо.
Вначале с жаром говорила,
Потом, стесняясь, угрожала:
«Если не дашь плодов — срублю!»
Так сливами рвануло небо,
Как будто дёрнула за бусы.
Три дня фруктового безумства,
И пированье надоело.
Плоды, как мусор, на траве
Растоптаны в пюре.

I overheard a conversation in the park,
came up to a withered old plum tree
And hid my face in its crown.
First, I spoke up strongly
Then, embarrassed, threatened:
"Give me your fruit or I'll cut you down."
So the sky exploded in plums,
As if a bead necklace had broken.
Three days of a frenzy of fruit
Until I'd had enough of feasting.
Fruit lay like garbage on the grass
Mashed into a puree.

* * *

Когда рассказчик уснёт на горе из книг,
Все потянутся к выходу, вначале скованно,
Через три ступеньки вниз. Убыстренные шаги.
Поворот к забору, вверх и на другую сторону,

Где дышать прерывисто с открытым ртом,
Обхватив ладонями бока штормящие.
Собака с оборванным поводком
Появится рядом, умчится с мячиком.

When the narrator nods off on a mountain of books,
They'll all make their way to the exit.
Three steps at a time. Quickening steps.
A turn to the fence, up and over,

Where open-mouthed, panting,
They'll hold their heaving ribcages.
A dog with a broken leash
Appears alongside, with a spinning ball.

* * *

Бегун с фонариком на голове
выхватывает кадры из темноты.
Земля просевшая, глазастый зверь.
Поляна вытоптана, блеск воды.
Кустарник, глыбы коровьих тел.
Могилки, дуб на краю села.
На ветках шляпки от желудей —
пустые мелкие колокола.

A runner with a flashlight on his head
grabs frames from the darkness.
The sinking land, a wide-eyed beast.
A glade trampled, a glint of water.
Shrubbery, lumps of bovine bodies.
A graveyard, an oak at the edge of the village.
Acorn caps clinging to branches —
little empty bells.

* * *

Окна направлены на восток.
Лето бьётся за занавесками.
Пахнет подушка недавним сном,
утром воскресным, детством.

Ключ повернулся в тугом замке.
Кто там пришёл и спешит разуться?
В тёплой пижаме, в одном носке
добежать к нему, не споткнуться.

Windows opening to the east.
Summer beats behind the curtains.
The pillow smells of recent sleep,
Sunday morning, childhood.

A key turned in the stiff lock.
Who's coming there now, shaking his shoes off?
In warm pajamas, wearing a single sock
run up to him, without stumbling.

* * *

В картах раскрытых
будущее за тридевять.
В теневом полушарии.
Между правыми и левшами.
В картонной пачке с цветными
карандашами.

In open maps the future
is dealt out beyond the end of beyond.
In hemispheres on the dark side.
Between right and left.
In a cardboard packet of colored
pencils.

* * *

. . . и где-то будни превратились в чудо
стрекозье замирающее лето
растит кувшинки в сохнущем пруду
хоть мне не надо я туда иду

за аркой переплетшихся деревьев
забытый дом холодный нездоровый
случайно сохранил знакомый цвет
смотрю: качнулась штора? всё же нет

и солнце блики щедрые бросает
вычерчивая сломленность пространства
углём и мелом на пустом столе
наброски перелистывает свет

кувшин с отбитым клювом, сердцевины
цветочные наколоты на стебли
лежит все тот же плюшевый медведь
или не он на пыльном пианино
мне с этой стороны не разглядеть

. . . and somewhere everyday life turned into a miracle
a dragonfly summer stock still
grows waterlilies in a shrinking pond
though i don't need to, i'm going there

beyond the arch of interlaced trees
a forgotten house unhealthy and chill
accidentally preserved the familiar color
i look at: was the blind swinging? no

and the sun throws lavish glares
marking out the brokenness of space
with charcoal and chalk on an empty table
the light leafs through the outlines

a jug with a broken spout, hearts
of flowers pinned on their stalks
the same teddy bear still lies
or that's not it on the dusty piano
from over here i can not see for sure

* * *

плыть я хочу по течению
мятым бумажным корабликом
с точностью ветра примеривать
тело к пустым берегам
мимо закрытого города
вслед за надкушенным яблоком
мчаться с истошными криками
к стокам истокам стихам

I want to float downstream
like a crumpled paper ship
to try how accurately the wind propels
my body toward empty shores
past a closed city
following a half-eaten apple
to rush with desperate cries
to the gutters wellsprings verses

II

* * *

Из кожи выплывает жаркая середина.
Апельсин — солнце январское.
Пальцы жёлтые, витаминные.
Нимб из эфирных масел
вспыхивает над свечой. За стеной мороз.
У ног поскуливает в полусне
тонкорёбрый пес. Смотрит мимо, сквозь,
ловит птицу, рождающуюся в огне.

A warm center floats up from the skin.
The orange is a January sun.
Yellow fingers, vitamins.
A halo of essential oils
blazes up over a candle. Frost outside the wall.
Half asleep at my feet a skinny-ribbed hound
whimpers. It looks past, through it all,
catches a bird being born in the fire.

* * *

Наверное бог похож на умирающего человека
У него в глазах то чего никому не видно
над головой остатки сияющей ауры
на губах соль выступила на лбу испарина
я смотрю на него и мне отчего-то стыдно

Дайте мне воды думает он не произнося ни слова
Справа мать и праматерь сидят отец с пращуром — слева
в изножье карлики великаны у изголовья
пришли и молчат

(вспоминают как он выходил из чрева)

он перед ними младенец голый
которому не всё возможно но всё прилично

Другие плачут громко молят его о прощении
А у него в ушах звучит собственный голос
Будущего нет и не будет
Будущего нет и не будет
И прошлое слишком призрачно

Probably God is like a dying person
In his eyes what no one can see
over his head the remains of a shining aura
salt on his lips perspiration popped out on his brow
I look at him and something in me feels shame

Give me water he thinks not saying the words
To the right foremothers sit forefathers to the left
at the foot dwarves giants at the head
have come in and say nothing

(they remember how he came out of the womb)

before them he is a naked infant
to whom not everything is possible but everything is proper

Others weep loudly pray for forgiveness
But in his ears it is his own voice sounding
There is no there will be no future
There is no there will be no future
And the past is far too illusory

* * *

Люди носят грязь на сапогах,
под ногтями — землю, а в зубах —
веточки укропа. На душе
отпечаток старого клише.
Ждут чего-то, сидя у ворот,
И зевают, прикрывая рот.

People carry dirt under their nails,
mud on their boots, and sprigs of dill
in their teeth. A soul displays
the imprint of an old cliché.
Expecting something at the gate,
they sit, yawn open-mouthed, and wait.

* * *

На ладан не дыши — дышать здесь нечем.
Зря говорят, что сельский воздух лечит.
Саднящий в носоглотке дым костра
меняет очертания. Вглядись же.
Буреют в куче скошенные астры.
Садовник выкорчёвывает липу,
которая ни разу не цвела.

Don't take one last breath — nothing to breathe here.
In vain they say that country air cures.
Campfire smoke burns your nostrils.
it alters all outlines. Look closely.
Cut asters wilt in heaps.
A gardener uproots a linden
that never blossomed, not once.

* * *

Земля, накануне зимы околевшая,
холодным покойником на прикасания отвечает.
За чашкой тёплого чая
сонные люди разговором неспешным
вышедших поминают.
За окнами тихо ступают мёртвые
по старым следам из скрипучего снега,
греются в сердце странного города,
жмурят промёрзшие веки.

Earth, dying on the eve of winter,
responds to the touch like a cold corpse.
Over a cup of warm tea
sleepy people remember in leisurely conversation
those who have gone.
Outside the windows the dead step softly
along old tracks in the creaking snow,
they warm themselves in the heart of an unfamiliar town,
clench their frozen eyelids.

* * *

Дёрнется кто-то в ветвях, испугавшись кашля,
и сорвёт покрывало с кроны. Статуя дерева.
Брызнет морозной солью, вопьётся в кожу.
Кто ты, безвестный скульптор в белом плаще?
Кто ты, зашивший чёрные раны на зимней реке
после вечернего потепленья?
Тихо на берег другой по свежему шву,
перебирая ногами метры прозрачных недр.
Листья впаяны в карамельную глубину,
и внутри всё стеклянно, лишь дёрнется нерв
и расколет слой.
Птица выпорхнет из-под ног, улетит домой.

Someone among the branches twitches, startled by a cough,
plucks the veil from the crown. The statue of a tree.
Sprinkles with frosty salt, pierces the skin.
Who are you, unknown sculptor in a white coat?
Who are you, who stitched black wounds on the winter river
after the warmth of evening?
Quietly on the far bank along the fresh seam
plucking with feet meters of transparent depths.
Leaves are soldered in the caramel depth
and inside all is glass, only a nerve twitches
and cracks a layer of ice.
A bird flutters from underfoot, flies away home.

* * *

Кажется, больше места
Стало — ты будешь рад.
Старый лимон на лето
Вынесли в сад.
В комнате слишком душно.
Тихие голоса
Резко прервёт кукушка —
Белое брюшко,
Пластмассовые глаза.

It seems the more room
there is — the happier you'll be.
An old lemon for the summer
Taken out to the garden.
The room is too stuffy.
Quiet voices
A cuckoo suddenly breaks in —
A white belly,
Plastic eyes.

* * *

Над сморщенными головами яблок
склониться и найти одно живое:
с щеками вислыми, в следах заживших ранок
среди соседок выброшенных спит.
И повернуть его напротив света,
тереть бока скрипящие до вскрика,
до запаха осеннего из детства,
закашляться, впиваясь в кислый бок.

Over the heads of shriveled apples
bend and find one still alive:
with drooping cheeks, tracks of healed wounds
it sleeps among its discarded neighbors.
And now turn it to the light,
rub its squeaking skin until it screams,
until it smells of childhood autumn,
and choke on it, digging into its sour side.

В сердце музыка жёвана-пережёвана.
Запах старости. Патина. Вкус крыжовника.
В голове шелестят голоса, и шорохи.
Скрип полов. Ставни наглухо заколочены.
Водоёмы забытые заболочены.
Силуэты ушедших в воде мерещатся.
И беззвучно ко дну приглашает лестница.
За спиною торопит живая очередь.

Music in the heart gnawing and gnawing.
An odor of old age. A patina. A taste of gooseberry.
Voices in your head rustle, and susurrations.
Creaking floors. Shutters tightly boarded.
Forgotten reservoirs turned into swamps.
Silhouettes of the departed glimmer in the water.
And a stairway silently beckons downward.
Behind your back the line of the living presses in.

* * *

На краю облака стоишь,
под которым
небо рушится, обваливая линию горизонта.
В глубине резкости уходит океан
в тонкую щель.
Из щели слышится свист.
В кадре размытая комната.
Клоун смеётся из-за кулис.

You are standing on the edge of a cloud,
underneath
the sky collapses, ruining the skyline.
In the depth of field the ocean ebbs
into a narrow aperture.
From the opening something whistles.
In the frame a room out of focus.
Offstage a clown is laughing.

* * *

у моря большие лёгкие
и огромный рот
сегодня на ужин съест не того
а завтра этого пожуёт

на берегу почерневший моряк
раскладывает сокровища у ног
рыба к рыбе
с морским ежом
играет чужой щенок

the sea has enormous lungs
the sea has a monstrous mouth
today it makes a dinner of one
tomorrow will chew up another

on the strand a blackened sailor
lays out treasures at his feet,
fish to fish. Someone else's puppy
is playing with a sea urchin

* * *

Можно долго выбирать красивого краба
в аквариуме прибрежного ресторана,
чтобы бодрым казался, глаза на месте и клешни.
Официант, его зовут Джимми, хороший выбор,
а пить что желаете — спрашивает.
Неважно, но чтобы повар его приготовил заживо,
сделав частью курортной романтики в луковом кружеве
и накормил фантастическим ужином.

It can take time to choose a beautiful crab
from the fish-tank of the seaside restaurant,
one wide-awake, with its eyes in place and claws.
The waiter, his name is Jimmy, says, a good choice
and what would you like to drink.
It doesn't matter, but the chef cooked it alive
as part of a holiday romance in onion lace
and fed us a preposterous dinner.

* * *

В коробке из-под немецкого шоколада
мать прячет бирки, зубы, первые волосы
сына, живущего где-то в пределах города,
звонящего в день рожденья уставшим голосом.
Когда приходит этот, уже мужчина,
с руками в венах, с букетом цветов дешёвых,
она наливает чашку до половины,
чтобы он поскорей ушёл.

Underneath in a German-chocolate box
mother hides the name-tag, the teeth, the first hair
of her son, who lives somewhere on the outskirts of town,
who calls on her birthday in a weary voice.
When he comes to visit, a man now,
with his gnarled hands, with a bouquet of cheap flowers,
She pours the cup of tea only half full
so he won't stay long.

* * *

Утро наступает
Тяжелее старости
На горло.
Зачем вы, птицы, встаёте так рано?
У птиц во рту язычок.
Птица — колокол.

Тёмные люди в белых одеждах
Крадутся по городу.
Небо, небо, залей им в уши
Песню олова.

Пусть слышат они только море,
Старое море, новое море.
А мы пока накричимся
и выкричим горе.

Heavier than age
morning has us
By the throat.
Why do you birds rise so early?
Birds have tiny tongues
A bird is a bell.

Dark people in white clothing
Creep around town.
Heaven, heaven, pour into their ears
A song of tin.

Let them hear only the sea,
The old sea, the new sea.
While we keep crying out
crying out our grief.

* * *

Тёплое запахни́ —
Сырость, суставы ржавые.
Музыка жалобная
Тише, чем шире шаг.
Медленная, траурная,
Она прислонится к дереву,
Сядет на лавку, вторгнется
В пёстрый ландшафт.

Wrap up warm —
The damp, the rusted joints.
Mournful music
Softer than a long step.
Slow, lugubrious,
She leans against a tree
Sits down on a bench, interrupts
The mottled landscape.

* * *

Перекрёсток утренний. Стынет чай в стаканчике.
На скамейку падают бронзовые жёлуди.
Выползают заспанно со вчерашней копотью
старые автобусы, чавкают дверьми.
Место ненагретое. Стёкла помутневшие.
Руки так и тянутся тронуть сети инея.
Отогреть ладонями, растопить дыханием,
как в замочной скважине, видеть что-то тайное.

A morning crossroads. Tea freezes in a little cup.
Bronze acorns fall onto a bench.
Old buses sleepily crawl along crusted
with yesterday's soot, crunch their doors.
An unheated place. Clouded windows.
Hands stretch to touch networks of frost.
The hands will warm, breath will thaw,
like watching a secret through a keyhole.

* * *

на козырьке подъезда
осколки бычки меловые контуры человека
кошка с коротким хвостом на части рвёт воробья
хор машин — музыка двадцать первого века
дама выбегает вслед за валетом
голова в перьях красное на губах

on the overhang of the entrance
fragments cigarette-butts chalk outlines of a man
a short-tailed cat tears a sparrow apart
a chorus of machines is the music of the twenty-first century
a queen is running out after the jack
her head in feathers red on her lips

* * *

Туземцы прячут в корзинах с бананами жёлтую кобру,
смеются губами, смеются зубами, а взгляд исподлобья.
Танцуют в соломенных юбках необычайно,
мелькает ярлык «мэйд ин чайна».
И пляшут, и плачут, и любят, как всем обещали
в турфирме. Домой, как из сказки, в печали,
листать на экране серийно-похожие фото
и всех ненавидеть, которые здесь, и погоду.

The natives hide a yellow cobra in baskets of bananas,
they laugh with their lips, with their teeth, their eyes suspicious.
They dance exotically in their grass skirts,
a label flashes "Made in China."
And dance and cry, and love, as the travel agency
promised us all. Back home, like a fairy tale, in sorrow,
photos flip in sequence across the screen
and hate everyone here, even the weather.

* * *

завтра плюс двадцать гроза возможно землетрясение
рыбки выбросились на кафель ещё с утра
их смели веником смыли в трубу течением
в аквариум запустили премудрого пескаря

а он через стекло так смотрит
что становится очень жутко
душа выходит из пяток
и подступает к желудку

люди бегут из карточных зданий
выносят детей бутерброды спички
в банке пескарь шевелит усами
и смотрит на всех по-бычьи

tomorrow twenty above thunderstorm possible earthquake
Fish landed on the tiles early in the morning
swept them away with a broom washed them down the drain
plunged them into the aquarium with the wise catfish

while he gazes through the glass
and stirs up terror
the soul starts at the heels
and rises to the belly

people run from houses of cards
they bring the children sandwiches matches
the catfish quivers its whiskers in the bowl
and watches everyone like a bull

* * *

Где у рыбы хвост,
А где голова?
Откуда гнить,
Если всё отрезано.
Но гниёт
Рыба,
У которой огромный распухший живот.
В нём Иона живёт.
Сети вьёт, шьёт паруса,
Надвинув шапочку на глаза.

Where is the tail of the fish
And where its head?
It rots from there
If everything is cut away.
But the fish
Rots
With a huge swollen belly
Where Jonah lives.
He weaves nets, he sews sails,
Hat pulled down over his eyes.

* * *

Фиалка пьёт из поддона вчерашнее море, процеженное землёй.

Солнце щупает комнату, воду в стакане нагревает упрямый луч.

У него нить в руках, которая вот-вот лопнет. Звон струны вдалеке.

Обернись ко мне, человек. Дай увидеть себя. Лицо

Вечереет. Прозрачный свет отступает в холодный сад.

Муравьиных тропинок след. На подушке чужая тень.

Заоконный листопад.

A violet sucks from a saucer yesterday's sea filtered through the earth.
The sun gropes around the room, a stubborn beam warms a glass of water.
Any minute now his thread will burst. The sounding of a distant string.
Turn in my direction, an actual person. Let me see you. Your face
is growing dark. Transparent light withdraws into a cold garden.
Tracks of an ant-trail. An unfamiliar shadow on the pillow.

    Outside the window, falling leaves.

* * *

Кто-то умер.

Да здравствуют все.

У красавицы месяц в косе,

Солнышко в рукаве и кощеева жизнь.

В башне сиднем сидит, оттачивает харизму.

Ждёт прекрасного юношу, держит в окне белый флаг.

Но внизу лишь дурак, да и то не глядит, дурак.

В пять утра во дворе с серым волком на поводке

Курит, плюёт под ноги, уходит, крикнув «к ноге!»

Somebody died.
Long live everybody.
Beauty has a half moon in her braid
Sunlight in her sleeve and a ghoul's life.
In her tower she keeps to herself, sharpens her charisma.
She is waiting for prince charming, she holds a white flag at the window.
But below there is only a fool, he doesn't even look up, the fool.
At five in the morning in the courtyard with a gray wolf on a leash
He smokes, spits at his feet, goes away at the command, "Heel!"

* * *

неспящий в тибете похож на таких же как здесь
луны циферблат растекается на небосклоне
спускается с гор поседевший на треть незнакомец
в руках несёт старые книги в них новая весть
и мимо проходит не глядя как будто ослеп
ногами ступает по лужам роняет страницы
на ветке засохшей кричит тонконогая птица
он входит в туман и за ним закрывается лес

sleepless in Tibet just like those here
the dial of the moon spills across the horizon
comes down from the mountains onto a third a grizzled stranger
holds in his hands old books in them fresh news
and passes by without looking as if blind
he places his feet in puddles he drops pages
on a dry branch a thin-shanked bird screams
he enters the fog and the woods close behind him

III

* * *

Самолёт стрекозы над рекой.
Чернеет в закате профиль
уснувшего рыбака.
Лист на свету — растущий скелет.
Тень пересаживается к вёслам.
Неба ладонь. Скатанные в шарики облака.
Правь, бессловесный товарищ,
в тихое море. Там никого.
Рыбы — серебряные штрихи на воде,
тонкие кости в еде.

The aircraft of a dragonfly over the river.
The black silhouette of a fisherman
fallen asleep.
His shadow moves over onto the oars.
The palm of the sky. Clouds rolled into balls.
Silent companion, steer
into a calm sea. No one is there.
Fish are silver strokes on the water,
thin bones in the food.

* * *

У старого дерева молодые листья.
Прорыты ходы в яблоке. Делятся половинки:
Одна на счастье, другую почистить.
Империя насекомых выстроила лабиринты
в мякоти, из которой выйти лишь по верёвочке.
К Ариадне, что украла плод, а осталась с овощем.

The old tree has young leaves.
An apple tunneled with wormholes. Cut in half:
One side for luck, the other cleaned up.
An empire of insects has constructed labyrinths
in the pulp, the only way by a thread.
To Ariadne, who stole the fruit, but stayed with the vegetable.

* * *

медленно обнажаясь
берег уводит к солнцу
в чёрный и тихий город
копоть на храме божьем
в воздухе стонут люди
плач их — щепотка соли
в воздухе тонут рыбы
падают к лапам кошки
город сгорит а море
жизнью его наполнит
день а на дне ракушка
рак и забытый якорь

slowly revealing itself
the shore leads to the sun
into a black and quiet town
soot on god's own temple
in the air people moan —
their weeping is a pinch of salt
fish drown in the air,
fall under a cat's paw
the city burns but the sea
will fill it with life
one day
and deep down a conch
a crayfish and a forgotten anchor

* * *

Голова на плечах. Пелена в голове.
Расшивают кольчуги по вечной канве
переросшие мальчики, в мокрой траве
разбирают друг друга на лего.

Посмотрите наверх, посмотрите наверх.
Там старик, а вокруг него тихо и свет.
Он давно прячет кролика в рукаве
И зовет на прогулку по небу.

Head on shoulders. A shroud on the head.
Overgrown boys on a wet lawn
embroider chainmail shirts on an eternal canvas
dismantle each other into legos

Look over there and up, over there and up.
There's an old man, surrounded by quiet and light.
For a long time he's had a rabbit up his sleeve
And he calls for a stroll through heaven.

* * *

Небо — закрытое окно.
В дом заглянуть бы,
Где ужинают при свечах.
Ветер водит кистью сосны
По звёздному полотну.
В чёрной краске
Распадаются облака.
Громче звучат в кулаке
Зябкие пальцы.
Снег умирает на ветках.
В высоту голос срывается.

The sky is a closed window.
Maybe look into a house to see
Someone dining by candlelight.
The wind brushes a pine cluster
Along a starry canvas.
Clouds dissolve
into black ink.
Chilly fingers
Sound louder in the fist.
Snow dies on the branches.
High up a voice breaks off.

* * *

немного выплеснуть накопленное в сердце
в младенца розового вырасти из старца
пусть солнце вычертит на коже знаки
сложим
плюс минус голову
узнают новобранца
по выцветшим от долгой-долгой жизни
глазам одеждам снимкам снам отчизне
уйду на север это будет честно
оставлю сердце а не то на части
спиною к раю на краю у счастья
душа распустит лепестки и листья
размножит почки и надует гроздья
лианы обовьют сухие кости
а там трава накроет

pour out a little from an overflowing heart
grow from an old man into a rosy infant
let the sun sketch signs on the skin
lay down
plus minus a head
they will get to know the newcomer
through eyes clothes snapshots dreams the fatherland
all dimmed by a long, long life
I will go north this will be fair
I will leave my heart but only in pieces
heaven at my back on the edge of happiness
my soul will blossom in petals and leaves
put out buds and multiply clusters
lianas will intertwine with dry bones
while over there grass will cover

* * *

в дороге люди кажутся вечными
пролетает многозвёздное небо
как старый фильм за кадром встречные
рождаются и умирают. снег
падает между дворниками и мирком
в котором принцесса счастлива с пастухом
в их глазах страсть сменяет красный свет
тот из соседнего авто кажется незнаком
но и он оставляет след

on the road people seem eternal
the many-starred sky flies by
like an old film frame-by-frame they come toward you
they're born and they die. snow
falls between the windshield wipers and the village
in which the princess lives happily with the shepherd
in their eyes desire turns into a red light
this one car among others seems unknown
but even it leaves a trace of its passing

* * *

словно лик в поликлинике ангел в белом
прикасается чем-то холодным к телу
ослепляет стоватткой и тучей ваты
прикрывает мне солнце а бог в халате
разделяет по комнатам обращённых
вот и трон принесите мою корону

like a face in a clinic an angel in white
lightly touches something cold to the body
dazzles me with a hundred-watt bulb and drapes the sun
in clouds of cotton but a god in a robe
separates the converts in different rooms
and here is the throne bring my crown

* * *

В шаге от эпицентра. Неосвещённый двор.
Одни, в форме, перебегают от куста к кусту.
Другие, прячась за колыханием спящих штор,
в мятых пижамах смотрят на них, в пустоту,
как больные животные. Кто-то уже решил,
чем лечиться. Этажные виражи.
Успокаивают друг друга: «всё хорошо,
и вокруг ни души».

A step away from the epicenter. An unlit courtyard.
Some, in uniforms, run from bush to bush.
Others, hiding behind the sway of sleeping blinds,
in rumpled pajamas observe them, looking into the void,
Like sick animals. Someone has already decided
how to be healed. One storey after another.
They soothe each other, "It's all right,
not a soul around."

* * *

утро выклевано птицами
с глазами-зёрнами
шлейф зари с заплатой облака
рассвет заштопан
утонув в подушке с якорем
зажмурюсь вздорная
чтобы

солнце вытравило пряди
до снежно-белого
и из зеркала вспотевшего
повеяв холодом
отражение как птица
сорвалось с мелко
водья

the morning is pecked by birds
with seed-eyes
the plumage of dawn with a patch of cloud
sunrise is mended
having drowned in a pillow with an anchor
I squeeze my eyes shut, hysterical,
for the

sun to bleach my tresses
snow-white
and from the misted mirror
blew cold
a reflection like a bird
flying off shallow
water

* * *

ветер в комнате. дождь
по эту сторону подоконника

на поверхности пола
водная блажь и травинка
тоненькая

девушка засыпает с библией
просыпается с сонником

она бы давно выздоровела
но стоит на учете хроником

wind in the room. rain
this side of the windowsill

on the surface of the floor
a watery caprice and a very thin
blade of grass

a girl falls asleep with a bible
wakes up with a dream-book

she might have recovered long ago
but in the books is incurable

* * *

примеряя чужие головы
на шейный кол
перед зеркалом
передразниваю себя
соло имени по вкусу древнее соли
которую пуд за пудом да второпях
чтоб быстрее ближе нам стать
заметь
сердце за нарисованным очагом
на замке
не ключи звенят а кусочек меди
зажатый колокольчиком в кулаке

trying other people's heads
on the stake of my neck
in front of the mirror
I imitate myself
The solo of a name tastes older than salt
eaten too quickly sack by sack at another's table
to get closer to us as soon as possible
notice
the heart behind a painted hearth
lies locked
no clink of keys, but a lump of brass
clenched like a bell in a fist

* * *

Игра на грани.
Горная тропинка.
Спиной к обрыву
И лицом к врагу.

A grim game on the rim.
A mountain path.
Back to the precipice
And face to the foe.

* * *

В песочнице под грибком
уснул человек-оборотень,
наполовину волк.
Сгрёб лапами сокровища,
питьё, недоеденный бутерброд,
овечью шкуру, украденную в год,
когда травили, поджигали норы,
с факелами гнали в морозный лес,
чтобы он там совсем исчез.

весной тянет к людям к их запахам и теплу
напиться чаю в семье и уснуть в углу
под стареньким одеялом под разговор
как будто отсрочили приговор

In a sandbox under the playground mushroom
a man-shapeshifter has fallen asleep,
half of him wolf.
In his paws he held onto treasures,
a drink, a partly eaten sandwich,
a sheepskin stolen the year
they persecuted him, burned his lairs,
drove him by torchlight into frozen woods,
to make him go away.

in spring he is drawn to people to their smell and warmth
to drink tea at home and to sleep in a corner
under an old blanket listening to conversation
as if they had commuted his sentence

* * *

когда память не та и руки уже не те
когда животное просыпается в животе
меркнет лампочка в голове
то рождается в пустоте
голос
того кто мог вырасти из тебя
да что-то не повезло
спрашивает
какое уже число

when the memory is not the same and hands are not the same
when an animal wakes up in your belly
a light bulb goes dim in your head
a voice
born in the cavity
of one who might grow out of you
something was really unlucky
asks
what day is it?

* * *

от воскресения до воскресенья
ставим крестики календарные
ждем спасения

оно приходит в виде воздуха горного
в газовой камере города

серебристые муравьи
тащат к вершине камни
трутся стальными боками

чешется
след на шее от тесного ворота

под ватными облаками

from resurrection to sunday
we cross off dates on the calendar
waiting for salvation

it comes in the form of mountain air
in the gas chamber of a city

silvery ants
drag along up to the stone height
rub against steel sides

itching
tracks left on the neck from a narrow gate

under quilted clouds

* * *

Вороньё с берегов небосклона
разлетается комьями почвы.
Дождь рассыпал не капли — патроны,
жаркий лоб поцелуями смочен.

Мы умрём, а проснёмся другими,
с новой кожей, но старой душою,
пережившей кончину без шока.

Сами выберем церковь и имя,
вновь устав, отсыреем, как глина,
для ваятеля с пальцами Бога.

A flock of crows from the shores of the horizon
scatters in flight like clumps of soil.
It was raining bullets instead of raindrops,
a hot forehead drenched in kisses.

We will die, and wake up as someone else,
with a new skin but an old soul,
surviving our ending without trauma.

We will choose for ourselves a church and a name,
worn out again, we'll turn moist, like clay,
for the sculptor with the fingers of God . . .

* * *

этот город затоплен лучами зарева
стёрты с карт повороты маршрута старого
волны времени держат суда у берега
ходят Нои в ковчегах из протодерева
нагибая под балками трюмов головы

твари в парах в квартетах стадами стаями
из наивно-святых вырастают правыми
чинят души ваяют себе подобное
перед смертью приходят на место лобное
нагибая под тяжестью судеб головы

перед сном каждый вечер привыкли каяться
прогибаются души тела ломаются
по лекалам старинным чужого города
мы не впишемся снова в масштабы молодость
ускользает сквозь пальцы со снимков скалится

подпираем ладонями главы тучные
ночью в сёдлах к заутрене снова вьючные
тянем баржи ковчеги года плен города
нас впрягли привязали к столбам за бороды
и забыли оставив навеки мучиться

this city is flooded in a radiant glow
the bends in the old road are erased from maps
waves of time keep watercraft inshore
Noahs board arks fashioned from gopherwood
heads bowed under the beams in the hold

creatures in couples quartets flocks and herds
their holy simplicity turns them righteous
they hone their souls make others resemble them
facing death they arrive at the scaffold
heads bowed under the weight of their fate

They were accustomed to repenting before sleep
their souls turn against themselves their bodies break
in serpentine curves of the alien city
we will not fit again onto the scales youth
slips through our fingers grimaces in snapshots

we prop our fat heads on our hands
saddled up at night again for matins pack-animals
we drag our barges arks years captivity of the city
harnessed tied to posts by our beards
forgotten and left to suffer forever

* * *

вначале потоп а потом пилот
люди ищут выход в сотах многоэтажек
крест антенны ловит небо передаёт
ангел сидит на спутнике крыльями машет

first a flood and finally a fly-boy
people looking for the exit in honeycombs of high-rises
the cross of an antenna catches the sky broadcasts
an angel sits on a satellite waving its wings

* * *

дом-ковчег парусами раздулись простыни
в стенах пары звереют плодятся к осени
толстый голубь уснул в двух шагах от пропасти
пара взмахов до ястреба жизнь до лавров

капитан с электронною папироскою
покоряет моря по подсказке лоцмана
переходит на уровень получает бонусы
крутит с яростью беспроводной штурвал

маяком свет на кухне за свежей порцией
кофеина плыть долго но сильный — справится
у жены древнеримская переносица
она смотрит в окно и от вида морщится
он подходит и щиплет её за задницу

the house-ark sheets swelled like sails
in the walls two-by-two turn feral breed until fall
a fat dove fell asleep a few steps from the abyss
a couple of flaps away from the hawk a life away from the laurels

The captain with an electronic cigarette
masters the sea with a pilot's guidance
rises from one level to the next receives bonuses
furiously spins the wireless helm

The kitchen light like a beacon a far way to swim
for fresh caffeine but he is strong and will make it
his wife wrinkles up her fine Roman nose at
the view outside the window she is peering through
he approaches her and pinches her butt

* * *

Оттолкнувшись от старого корабля
бежит к берегу маленькая волна,
то на цыпочках, то накатом, исподтишка
роняет зазевавшегося игрока
в чёрную колыбель на удобный бок.
Одеялом мягок морской песок.
И с лица, как волос, мешавший сну,
убирает медленный аквалангист
водоросли липкий холодный лист.

Pushed away from an old ship
a little wave runs up on the beach,
first on tiptoe, then overlapping, on the sly,
drops the unwary player
into a black cradle on the easy side.
Onto sea sand soft as a blanket.
And a deliberate scuba diver removes
from its face, like a hair disturbing sleep,
a cold, sticky sheet of seaweed.

* * *

у бога

полный карман людей

у нищего

полный карман счастья

поделись со мной человек

у меня есть море взамен

большое тёплое море

рыба

лодка

и снасти

god
has a pocketful of people
a beggar
a pocketful of happiness
one shared with me
I have a sea in return
a large warm sea
a fish
a boat
and tackle

* * *

Когда умирает тело, сыты орлы и рыбы,
— не смог промолчать Лобсанг за общим обедом,
разравнивая на тарелке остатки риса.
— Чью душу хранишь ты, карп, обглоданный до скелета?

Засейте рис на полях, где лежали люди.
пройдите по той земле, когда рис созреет.
И пёструю очередь к раскрашенной карусели
займите, весёлые и босые, чтоб вас не съели.

When the body dies, eagles and fish dine well,
— Lobsang at the communal dinner could not keep quiet,
spreading out the remains of rice on the plate.
— Whose soul do you save, carp, picked to the skeleton?

Sow rice in the fields where people lay.
pass by that earth when the rice will grow.
And you join the motley queue at the bright carousel
cheerful and barefoot, to keep from being eaten.

* * *

На зов поворачивается сперва
Большая львиная голова,
Солнце над вершиной горба,
Смотрит внутрь тебя.

Медленно промывая речной песок,
Ищет самородок, но в решете
Пустая порода.
Камни гремят в воде.

И после былого огня остыл
Лесной частокол. Ядовита пыль.
Но дышит ребёнок, узнавший страх,
Хоть кажется неживым.

First at a call a large lion's
Head pivots,
The sun over the top of a hump
Looks inside you.

Slowly washing the river sand,
It's panning for a nugget, but in the sieve
Useless rock.
Stones rattle in the water.

And after an earlier fire the forest
Stockade has cooled down. Poisonous dust.
But a child who felt fear breathes
Although he appears lifeless.

Notes

Somebody died

The word translated as "ghoul" here is actually a much more specific figure from Russian folklore, *Koshchey,* usually depicted as old, ugly, skeletal, and immortal.

In a sandbox

playground mushroom: Soviet-era playgrounds feature chainsaw-carved wooden figures, of which one of the most common is a mushroom or a toadstool.

from resurrection to sunday

The word-play in this poem is irreproducible in English, as the Russian words for "Sunday" and "resurrection" are interchangeable in pronunciation and differ only by a single letter. (see introduction)

when the body dies

Lobsang: a Tibetan name